AF500816

RAPPORT

DE LA

Commission spéciale, instituée par M. le Sénateur
Préfet du Rhône

POUR L'EXAMEN DE LA

MÉTHODE CURATIVE DU BÉGAIEMENT

DE M. CHERVIN AÎNÉ

Instituteur communal à Lyon, officier d'Académie

MEMBRES DE LA COMMISSION :

M. L. AUBIN

Inspecteur de l'Académie de Lyon, Chevalier de la Légion d'Honneur

M. LE Dr GUBIAN

Président de la Société impériale de médecine de Lyon, Chevalier de la Légion d'Honneur

M. L'ABBÉ HYVRIER

Supérieur de l'Institution des Chartreux, Chevalier de la Légion d'Honneur

M. VALOIS

Ancien magistrat, Président de la Société d'Instruction primaire du Rhône
Officier de la Légion d'Honneur. — Président de la Commission

RAPPORTEUR :

M. LE Dr GUBIAN

LYON
IMPRIMERIE D'AIMÉ VINGTRINIER
Rue de la Belle-Cordière, 14.

1866

Monsieur le Sénateur,

Les sollicitudes que vous apportez aux améliorations des institutions publiques, de celles surtout qui ont pour but de soulager les travailleurs, de relever les faibles, d'offrir un asile et des secours aux délaissés, vous ont fait prendre la généreuse détermination de recourir aux moyens capables de rendre l'exercice de la parole facile à ceux que le bégaiement rapprochait du triste sort des muets et des convulsionnaires, en prenant l'arrêté suivant :

Nous, Sénateur, Préfet du Rhône, Grand-officier de la Légion d'honneur,

Vu la délibération du Conseil Général du Rhône portant allocation d'un crédit spécial pour le traitement des Bègues par la méthode de M. Chervin ;

Vu la demande de M. Chervin, tendant à obtenir que l'état d'un certain nombre d'enfants, auxquels il se propose de faire immédiatement l'application de sa méthode, soit officiellement constaté avant et après le traitement ;

ARRÊTO

ARTICLE 1er.

Une Commission est instituée pour suivre, dans tous ses détails, l'application de la méthode de M. CHERVIN pour le traitement des Bègues.

Cette Commission est composée de :

MM. AUBIN, *Inspecteur d'Académie.*

GUBIAN, *Président de la Société Impériale de médecine.*

HYVRIER (L'ABBÉ), *Supérieur de l'Institution des Chartreux.*

VALOIS, *Président de la Société d'Insruction primaire de Lyon.*

ARTICLE 2.

M. VALOIS est délégué pour présider la Commission, et il sera chargé de la convoquer après s'être entendu avec M. CHERVIN.

ARTICLE 3.

Les observations de la Commission seront constatées dans un rapport officiel qui nous sera remis.

ARTICLE 4.

Expédition du présent arrêté sera adressée à M. VALOIS.

Avis de sa nomination sera donné à chacun des autres membres désignés

Une copie de notre arrêté sera remise à M. CHERVIN, qui se mettra à la disposition du Président.

LYON, le 30 novembre 1865.

Le Sénateur, Préfet du Rhône.

Signé : H. CHEVREAU.

Pour Copie conforme :

Le Conseiller de Préfecture, délégué,

P. CLÉMENT.

La Commission créée par cet arrêté a répondu avec empressement à votre appel, et a rempli ses fonctions avec le dévoûment et l'exactitude qu'exigent vos généreuses intentions. Elle s'est réunie le 15, le 20 et le 21 décembre, le 11 et le 25 janvier, pour examiner et constater les progrès rapides que M. Chervin obtenait par sa méthode de traitement du bégaiement sur les sujets présentés.

Sur huit sujets, sept confiés au traitement du Professeur,

ont été l'objet de l'observation et de l'examen de la Commission. Le huitième, le jeune ***, n'a pas pu continuer le traitement pour cause de faiblesse constitutionnelle et de nervosisme, état qui, disparaissant dans quelque temps, permettra plus tard l'heureuse application de la méthode.

ÉLÈVE N° 1 (*), 15 ANS 1/2.

Bégaiement douloureux ou muet. — Mal arrivé à son paroxysme. Suspension indéfiniment prolongée du son. Efforts sans cesse renouvelés et toujours inutiles pour lier les syllabes. Impossibilité d'avancer. — Difficulté égale dans la conversation, dans la lecture et dans la récitation.

Mouvement nerveux de la tête, tantôt en avant, tantôt en arrière, correspondant à une raideur du cou, à un clignotement des yeux et à une agitation convulsive des joues, des lèvres, des bras et des jambes. — Congestion du sang vers la tête; gonflement des veines du cou.

Respiration entrecoupée, saccadée, étranglée dans le larynx.

Prononciation également pénible de toutes les lettres, en tous les temps.

Cause probable : A 4 ans, chute d'un deuxième étage, et à 5 ans, chute dans une chaudière d'eau bouillante.

A toutes les séances de la Commission, cet élève avait fait de remarquables progrès.

Le 11 janvier, il a de l'hésitation et bégaie un peu lorsqu'il est surpris ; le 25 janvier il explique que dans l'atelier

---

(*) Nous rappelons ici, par un numéro d'ordre, les élèves nommés dans le rapport.

de typographie où il est employé, on compte trois ou quatre autres bègues parmi les ouvriers ses camarades ; il craint de se laisser entraîner, malgré ses efforts, à bégayer par imitation. La Commission, convaincue que cette circonstance peut nuire à ses progrès et même lui occasionner une sorte de rechute, l'engage à se retirer de cet atelier et à éviter pendant très-longtemps le contact des bègues.

Il a eu 15 jours de leçons et, quoique bien guéri, il en prend encore le soir pour consolider la cure.

Lettre de l'élève n° 1, lue à la Commission.

28 Décembre 1865.

MESSIEURS,

Il y a peu de jours, j'étais en quelque sorte privé de l'usage de la parole; ma conversation était accompagnée de douloureux et pénibles efforts, de contractions nerveuses des organes de la voix et même de tout mon corps. Je souffrais et faisais souffrir les personnes avec lesquelles j'avais affaire; l'apprentissage d'un métier m'était presque impossible.

Maintenant, grâce à Monsieur le Sénateur, à sa haute et bienveillante sollicitude pour tous ses administrés, sans exception; grâce, Messieurs, à votre généreux concours; grâce enfin, Monsieur Chervin, à votre douce et savante direction, je peux parler comme tout le monde. La carrière est ouverte devant moi, je peux me présenter dans une maison quelconque pour apprendre une profession. Je peux entrevoir le moment ou je pourrai soulager mon excellent père, ancien soldat, aujourd'hui tisseur en soie, et mon excellente mère (menacée de perdre la vue), fille d'un ancien soldat de l'Empire, mort lieutenant honoraire aux Invalides. Vous m'avez accordé un grand bienfait; je le reconnaîtrai en suivant, sans dévier, la ligne droite du devoir et de la probité, en suivantexactement les principes d'honneur que m'a inculqués mon excellent père, et les principes de religion que j'ai reçus de ma bonne mère.

Encore une fois, Messieurs, merci! Agréez l'assurance des sentiments de respect et de profonde reconnaissance dont je me sens animé envers vous.

ÉLÈVE N° 2, 24 ANS.

Bégaiement gutturo-tétanique.

Cette infirmité, caractérisée par la raideur involontaire de tous les muscles de la respiration, est survenue à la suite d'une chute à l'âge de 4 ans. L'élève avait passé au travers d'un toit vitré.

Il parle avec une grande facilité après 10 jours de leçons.

ÉLÈVE N° 3, 21 ANS.

Bégaiement labio-choréique.

Caractères particuliers : agitation convulsive des lèvres, mouvements désordonnés de la langue et de la mâchoire inférieure. Ce défaut de prononciation s'est manifesté, à l'âge de 5 ans, à la suite d'une frayeur causée par cette menace faite par une domestique : « Voici le diable ! »

Succès complet ; 12 jours de leçons.

ÉLÈVE N° 4, 23 ANS.

Exempté du service militaire pour cause de bégaiement.

Infirmité présentant quelques caractères de la danse de Saint-Guy : agitation convulsive des lèvres ; mouvements désordonnés de la langue, de la mâchoire inférieure, des muscles de la face ; suspension et souvent empêchement complet de la parole.

Bégaiement survenu à la suite d'un coup de soleil pris pendant le sommeil, au milieu des champs.

Auzon, au dire de cet élève, est un chef-lieu de canton où les bègues abondent ; M. le Sous-Préfet ne manque pas d'en faire la remarque chaque fois qu'il préside le Conseil du tirage. L'élève assure s'être trouvé à table, un jour de vogue, avec cinq bègues : voulant plaisanter de leur infirmité, ils étaient allés chercher chacun un compagnon d'infortune, et le nombre des convives avait fini par s'élever à 14 !

Puisque, selon les termes mêmes du Rapport présenté à la Société d'éducation, « cette infirmité, portée à un degré considérable, exempte du service militaire, l'Etat a donc intérêt à encourager les efforts de ceux qui, comme M. Chervin, se dévouent au traitement des bègues (1). »

A la séance du 11 janvier, cet élève lit correctement, hésite en improvisant. — Guéri en 12 jours ; 48 leçons.

ÉLÈVE N° 5, 14 ANS.

Contraction des muscles du larynx, du pharynx et de la glotte ; suffocation ; arrêt prolongé ; impossibilité d'avancer.

Nous ne pouvons mieux faire que d'insérer ici la lettre du grand-père de l'enfant :

17 janvier 1866.

Monsieur le Président,

J'ai l'honneur de vous remercier d'avoir pris la peine de suivre mon petit-fils, ***, dans les leçons de diction que lui a données M. Chervin pour le débarrasser d'un bégaiement qui, non-seulement lui fermait la carrière militaire à laquelle il se destine, mais encore qui lui rendait impossible des études sérieuses.

Je n'oublierai jamais, ni votre patronage, ni les services de

---

(1) Une *Statistique décennale du bégaiement en France*, lue à la Sorbonne par M. Chervin en 1865, présente une proportion de 3 sur 1000.

M. Chervin; et puisque vous êtes chargé d'apprécier une méthode qui opère de semblables prodiges, je me fais un cas de conscience de vous la recommander en vous priant d'en faire profiter les infortunés si nombreux dont le bégaiement désole les familles.

Pour vous éclairer le plus possible, je m'empresse de relever une erreur involontaire que mon petit-fils a commise en vous disant qu'il a toujours bégayé.

L'enfant est né le 2 mars 1852. Son père, alors capitaine au 2e régiment de spahis, se trouvait avec son escadron à *** dans la subdivision de *** Un jour, le capitaine *** partit en promenade, à cheval, avec d'autres officiers et des visiteurs (c'était en 1857). L'enfant était dans sa 6e année. En rentrant au bordj, il apprend que son père est parti en promenade. Il fait seller une monture et part à fond de train pour rattraper son père. Il se trompe de route; ne voyant pas les promeneurs, il gagne un monticule. Pendant qu'il explorait des yeux les environs, *une grosse bête noire avec des moustaches, comme un chat, une queue longue et pendante*, vint à passer près de lui, à quelque distance, sans faire attention à lui, L'enfant eut peur, il rentra immédiatement au bordj. Il était trop jeune pour connaître l'animal qui l'a épouvanté. C'était peut-être une hyène ou un lynx, ou un chat tigre. Bref, à partir de quelques mois après cette rencontre, le bégaiement commença. M. *** nommé chef d'escadron au 5e chasseurs, rentra en France au mois de janvier 1859. Nous nous occupâmes de l'instruction de cet enfant et nous remarquâmes cette tendance à bégayer. Loin de se guérir, cette infirmité ne faisait qu'augmenter, au point qu'au Prytanée il avait toujours zéro pour ses leçons. Il en était arrivé à ne pouvoir pas prononcer une parole ni tirer un son de son gosier.

J'avais lu dans le *Petit Manuel de l'Instruction primaire,* auquel mes filles sont abonnées, le Rapport qui parlait de la méthode de M. Chervin ; je demandai au Général commandant le Prytanée un congé pour mon petit-fils.

Nous nous en sommes bien trouvés. L'enfant parle très-librement. Plus d'étouffements, plus de saccades quand la parole lui vient, plus de mouvements convulsifs, plus d'impatiences comme lorsqu'il ne pouvait pas s'exprimer. Après 12 jours de leçons, M. Chervin a rétabli l'état naturel de locution. L'enfant parle comme tout le monde, et nous espérons qu'à sa rentrée au Prytanée il reprendra avec succès ses études que son infirmité paralysait. Nous devons ces succès au traitement de M. Chervin et à votre bienveillante intervention. Je vous prie, Monsieur le Président, de vouloir bien agréer les remercîments de toute une famille dont je suis ici l'organe, et de croire à notre parfaite reconnaissance.

Votre très-humble serviteur,

***,

Chevalier de la Légion d'honneur, capitaine en retraite.

C'est avec une très-grande satisfaction que la Commission constate la facilité d'élocution acquise aujourd'hui par le jeune *** ; son intelligence remarquable a heureusement et rapidement secondé les excellentes leçons du professeur.

ÉLÈVE N° 6, 14 ANS.

Contractions cloniques de la face, même pendant l'état de calme ; suspension du son avec étranglement, sifflement ; mouvement convulsif dans les yeux, dans la bouche ; agitation nerveuse de tout le corps devant une syllabe difficile, surtout du côté droit ; mêmes efforts pénibles dans la conversation, dans la lecture et dans la récitation. L'enfant est bègue depuis l'âge de 5 ans ; cause probable, l'imitation : l'enfant a deux oncles qui bégaient. 13 jours de leçons, 4 par jour, de demi-heure chacune. Résultats satisfaisants au bout de 10 lecons. Le 25 janvier, plus d'hésitation.

ÉLÈVE N° 7, 27 ANS.

Bégaiement survenu à l'âge de 6 ans, à la suite d'un coup de pied de cheval. Suspension du son, étranglement, suffocation ; mouvements convulsifs des muscles de la face ; ébranlement nerveux de tout le corps dans la direction du côté droit. La présence de ce jeune homme extrêmement bègue sous les drapeaux ne peut s'expliquer que par le besoin d'hommes qui se fait toujours sentir à l'approche d'une guerre.

Il est entré au service en 1859, au moment de la guerre d'Italie. Guéri le 26 janvier, il lit plus facilement qu'il ne parle et improvise.

Pour apprécier la valeur de la méthode de M. Chervin, il suffit d'entrevoir la nature du bégaiement.

Le bégaiement est une discordance dans les fonctions de l'intelligence, entre l'imagination et la volonté, qui trouble convulsivement les contractions des muscles exécuteurs des phénomènes de la voix et de la parole.

La preuve de cette discordance se trouve explicitement dans les faits suivants : c'est chez les individus à idiosyncrasie nerveuse, à imagination vive; chez les caractères pusillanimes, timides ; à la suite de violentes secousses, de frayeurs, que l'esprit frappé fait hésiter la volonté, et cette puissance de l'intellect, dans ses hésitations répétées, ne détermine dans les contractions musculaires que des mouvements désordonnés.

Tel est le bégaiement *curable*, et heureusement le plus ordinaire.

Mais il est un bégaiement qui tient à une lésion organique du cerveau, celui des idiots; il est *incurable*. Et M. Chervin, qui guérit très-bien le premier, celui qui est dû à un trouble *psycho-physiologique*, n'aurait aucun pouvoir contre le dernier, c'est-à-dire, celui qui est sous l'empire d'une *lésion organique*.

Le bégaiement, tel que nous l'avons défini, n'est donc point une affection organique du larynx, instrument de la voix, ni de l'appareil musculaire, locomoteur de la voix et de la parole.

Le larynx représente dans son admirable structure les

triples conditions des instruments de musique à vent, à anches et à cordes ; il est à la fois corps de tuyau, anches membraneuses et cordes vocales pour produire les différentes vibrations des gammes et des sons articulés. Les muscles qui font mouvoir ses cartilages élastiques, qui resserrent ou détendent la glotte, qui allongent ou raccourcissent les cordes vocales ; ceux qui contractent ou dilatent le pharynx, l'isthme du gosier, la langue, les lèvres, les buccinateurs, développent ou rétrécissent les cavités pharyngo-œsophagienne, laryngo-bronchique et bucco-nasale ; tous ces instruments de la voix et de la parole ne sont point malades organiquement ; ils n'éprouvent qu'un désordre, un défaut de coordination, comme l'a dit très-judicieusement Charles Bell. C'est plutôt un désordre physiologique qu'une véritable maladie. Ces phénomènes des contractions convulsives sont parfois si multipliés, qu'on les a distingués en ceux d'en haut, d'en bas, d'arrière, d'avant ; en glosso-buccaux, labio-lingaux ; enfin en choréiques, gutturo-tétaniques, etc. Cette discordance se changerait bientôt en infirmité si on l'abandonnait à elle-même, et, comme les autres lésions de l'appareil locomoteur, deviendrait à jamais funeste aux malheureux tombés dans l'incurie. Que deviennent ces infortunées jeunes filles ou ces disgracieux jeunes garçons que des parents ignorants et insouciants abandonnent aux viciations musculaires et aux déviations consécutives ? Les premières sont bossues et condamnées, hélas, aux dystocies les plus graves ; les seconds, par leurs jambes courbées, restent toujours difformes, impropres au service militaire et aux exercices soutenus de déambulation. C'est à tort que l'on a cherché l'explication du bégaiement dans une lésion organique des muscles de la bouche, de la langue ou du filet, que l'on a prétendu combattre comme siége ou cause de cette affection. La maladie est essentiellement un acte irrégulier d'intervention de l'encéphale avec les organes qui lui obéissent. Or, comme le cerveau hésite, il y confusion dans les contractions musculaires ; le rhythme et la mesure sont remplacés par l'état convulsif.

La cause est donc presque toujours, comme on l'a déjà vu, une intimidation, une surprise, une frayeur, un accident violent, et chez les sujets impressionnables, surtout chez ceux qui sont craintifs, ce désordre se déclare convulsivement comme chez les choréiques. Souvent l'appréhension ou la timidité seule, comme les causes déjà énumérées, suffit pour ébranler l'intelligence ; le tumulte de la pensée fait hésiter, et dans le choix que le bègue veut faire de ses expressions, l'imagination qui marche plus vite que l'exécution des muscles, ses satellites, n'a plus le calme et le sang-froid nécessaires, n'a pas de frein à leur opposer, et leurs contractions deviennent alors choréiformes. Telle serait l'impuissance d'un instructeur militaire qui, en commandant en même temps plusieurs manœuves opposées à ses soldats, les verrait tout-à-coup prendre chacun des directions diverses et changer la précision de l'exercice en une grande confusion.

Si l'on suit l'enfant qui commence à bégayer, on le voit hésiter en s'efforçant de cumuler les syllabes, mais une mère attentive lui apprend méthodiquement à suivre leur succession, et l'enfant docile conserve l'ordre et le rhythme que l'insistance et la tendresse maternelle lui inculquent.

Si les convulsions des muscles qui produisent le désordre de la parole sont de nature choréique, comment se fait-il que le bégaiement ne guérisse pas aussi facilement et aussi rapidement que la chorée ? La raison en paraît péremptoire. Le traitement de la chorée consiste surtout dans le repos et les calmants ; rien ne contribue à perpétuer la cause de cet état convulsif ; elle est toujours facilement combattue, et l'on peut l'éloigner et la détruire ; il n'en est pas de même chez les bègues que les nécessités du langage poussent à des efforts continuels, exigés des muscles par une volonté tyrannique ; volonté qui est provoquée et renouvelée à tout instant, et qui, entretenant ces contractions tumultueuses, irrégulières, saccadées et souvent violemment convulsives, aggrave ainsi le bégaiement. Cette discordance, cet embrouillement continu dans les contractions musculaires, auxquels sont livrés les bègues, ne fait que croître et se compliquer à mesure qu'ils font plus d'efforts violents et passionnés pour surmonter les obstacles.

On voit, d'après ces phénomènes, le traitement naturel et simple qu'il convient de leur opposer, et l'on est étonné qu'il se soit si difficilement et surtout si tardivement fait jour.

On a bien, dans un temps déjà reculé, préconisé la méthode américaine appliquée par madame Leigh. Un avocat, M. Crémieux, devenu plus tard ministre de notre dernière république, s'était fait son propagateur ; il nous a donné plusieurs séances à la Société de médecine ; mais le bégaiement, mal apprécié dans essence, était combattu par un traitement compliqué de divisions, de subdivisions suivant les régions où l'on supposait la localisation, soit aux organes produisant les sons, les mouvements, les articulations de la parole, ou selon les contractions choréiques, les formes gutturales, respiratoires, linguales, nasales, etc.

Notre science, plus simple aujourd'hui, par cela même qu'elle est vraie, remontant à la nature de la maladie, adopte un traitement qui agit directement sur l'intelligence et produit consécutivement, par les organes locomoteurs, les modifications que leur impose l'ordonnateur cérébral.

C'est donc sur le siége de l'intelligence, sur le cerveau lui-même, que le professeur fixe son attention ; il exerce une nouvelle et véritable éducation de la parole. Le génie du traitement réside dans le *rhythme*, l'*ordre*, la *précision*, qu'il rétablit par l'exemple de *régularité*, de *douceur* et de *patience*, qu'il donne à son élève, en faisant exécuter ses *formules de prononciation et de langage* avec une lenteur *mesurée* et *calculée*. Cette loi de l'ordre dans l'intelligence qui veut s'énoncer par la parole devrait être la même pour les deux sexes ; et cependant le bégaiement est rare chez les femmes ; cela vient sans doute de ce que la sensibilité nerveuse est chez elles plus prompte et plus déliée, puisque les petites filles parlent beaucoup plus tôt et plus facilement que les petits garçons, et suivant l'adage, ont l'esprit ouvert de bonne heure. Les femmes sont remarquables par leur facilité à nuancer et à mettre en parfait accord la succession de leurs idées avec la mobilité possible et régulière des puissances motrices des organes de la parole ; et il est généralement reconnu que dans les sociétés ou dans les conversations intimes, les femmes sont, pour la rapide succession des idées, pour la facilité d'élocution, la douceur et l'harmonie de leur langage, bien supérieures aux hommes.

Ces raisons nous rendent compte en quelque sorte de ce que les sujets soumis à l'examen de la Commission sont tous du sexe masculin.

Il est aussi intéressant de remarquer que si les femmes sont rarement bègues, par contre, leur irritabilité plus grande fait qu'elles sont beaucoup plus fréquemment affligées que les hommes de la danse de Saint-Guy.

Dans la chorée, l'action de la cause porte généralement sur le cerveau et la moelle épinière, tandis que dans le bégaiement, c'est seulement sur la partie de l'encéphale qui préside à l'intelligence inspiratrice de la parole, qu'elle est dirigée ; sans cesse excitée par la pensée troublée et hésitante, elle entretient continuellement le désordre de la prononciation, désordre qui ne s'arrêtera qu'au moment où un maître sage et expérimenté ramènera philosophiquement cette intelligence à la règle, au rhythme, à la précision mesurée du bon langage.

Au moment où ces sept bègues ont été remis aux soins de M. Chervin, leur bégaiement était si fort qu'ils répétaient fréquemment et péniblement les syllabes les plus faciles à prononcer et qu'ils faisaient de vains efforts, accompagnés de grimaces, pour prononcer les autres. Nous les avons suivis pas à pas pendant le traitement et nous avons eu le bonheur de constater leur entière guérison. Après deux jours de leçons, l'amélioration était déjà sensible; ils lisaient lentement, martelant la syllabe et s'arrêtant souvent, soit pour reprendre une légère respiration soit pour se remettre d'une émotion bien naturelle, soit enfin pour fixer leur esprit par une attention énergique et soutenue. A ce moment l'élève nous rappelle l'enfant faisant ses premiers pas sous les yeux de sa mère. Le bègue, en effet, attache des regards confiants sur son professeur, il suit l'impulsion qui lui est donnée; le moindre geste l'encourage, et la difficulté vaincue lui procure une joie naïve qui complète notre comparaison. Un moment notre intérêt a été partagé entre l'attention de l'élève et la patience éclairée et pleine de bonté du professeur. En toute chose l'application de l'élève et le dévouement éclairé du maître assurent le succès. Mais c'est surtout dans la méthode curative du bégaiement par l'exercice du langage que ces conditions sont nécessaires, indispensables. Le bégaiement a presque toujours pour cause une chute, une frayeur, l'imitation, une excessive timidité, ce qui n'est au fond qu'une même chose; brusquer, rudoyer un enfant, suffit souvent pour le rendre bègue toute sa vie. L'enfant hésite d'abord sur un mot, puis sur un autre, et le mal gagne de proche en proche jusqu'à ce qu'il soit devenu général.

Après cinq jours de leçons, les élèves nous ont été présentés de nouveau. Ils conservaient encore un petit accent méthodique, bégayant peu dans la lecture et dans la récitation, davantage dans la conversation; cette différence est expliquée par la nature même du bégaiement. Nous avons placé l'essence de cette infirmité dans le cerveau, et l'on comprend que la conversation est un bien plus grand travail d'intelligence que la récitation et la lecture que l'on peut jusqu'à un certain point considérer comme un acte purement mécanique. Une remarque bien importance, c'est que les mouvements convulsifs des muscles, de la face, les agitations nerveuses de toutes les parties du corps, les grimaces et contorsions de toute nature diminuent progressivement, pour disparaître tout à fait avec le bégaiement; ils étaient donc l'effet et non la cause de l'infirmité qui nous occupe.

Après dix ou douze jours, on nous a ramené les élèves complètement débarrassés de leur vice de prononciation ; le bégaiement avait disparu comme par enchantement, et quelques élèves faisaient preuve d'une faconde peu ordinaire. La plupart de ces élèves, que nous avons vus à la première séance les traits du visage bouleversés, les veines du cou gonflées, les bras et les jambes convulsionnés, nous étaient méconnaissables lorsqu'ils nous apparaissaient de nouveau le visage calme et serein. La cure était radicale; mais pour fortifier la nouvelle manière de s'exprimer et prévenir une rechute, le professeur recommandait encore à ses élèves de continuer de s'exercer dans leurs familles, pendant une quinzaine de jours. On saisit facilement la prudence de cette recommandation, eu égard à l'assuétude vicieuse. Ce n'est donc pas quinze jours, mais un mois, plusieurs mois même, que nous voudrions voir l'exercice se poursuivre. Si le professeur se montre si facile sur ce point, c'est probablement parce qu'il mesure ses exigences au courage et à l'ardeur ordinaire des élèves.

La guérison est-elle toujours assurée? Le professeur répond : « Je suis toujours à peu près sûr du succès ; je dis à peu près, parce que le succès d'une méthode quelconque dépend autant et plus de l'élève que du professeur. On comprend en effet que si un médicament agit seul, on ne saurait en dire autant d'un procédé pédagogique. Un bégaiement très-prononcé disparaît souvent plus vite qu'un léger défaut de prononciation : c'est surtout l'attention et la ferme volonté qui déterminent les succès. »

Dans la cure de cette infirmité, le professeur se préoccupe moins du degré du bégaiement que du caractère du bègue, et il n'admet qu'une sorte de bégaiement parce qu'il traite tous les bègues de la même manière, à quelques différences près et motivées par l'âge, l'intelligence et l'instruction de l'élève.

« Pour opérer la guérison d'un bègue, dit-il, je ne raisonne pas avec lui son infirmité, je vais droit au but en le forçant, sans qu'il s'en doute, à se corriger. Sans le lui dire, je lui fais parcourir une échelle de sons, de consonnances, d'aspirations, qui sont tout le langage ; et après quelques *entretiens*, pendant lesquels il lui semble ne rien avoir fait qu'une conversation ordinaire, tandis qu'il étudiait, il est tout étonné de voir qu'il prononce bien, sans trop de lenteur et sans trop de précipitation ; éviter la répétition des syllabes qu'il prononce n'est plus pour lui un effort difficile, c'est une habitude qu'il a prise de bien articuler en *imitant*. »

Voilà en quoi consistent les nouveaux moyens employés pour corriger du bégaiement, de la blesité, du bredouillement; ils laissent loin derrière eux les systèmes ferrulants préconisés à grand renfort d'éloquence et d'érudition. C'est que M. Chervin, loin de rechercher à se créer un monopole, s'est constamment préoccupé de simplifier sa méthode afin de la rendre un jour accessible à toutes les intelligences ;

c'est lui qui demande encore aujourd'hui sa vulgarisation.

« Il m'a semblé préférable, dit M. Chervin, de vous montrer le professeur opérant avec ses élèves que de vous décrire sa méthode. D'ailleurs, s'il est facile de noter la voix chantée, on ne saurait en dire autant de la voix parlée. » Et le professeur fait passer sous les yeux de la Commission, avec un empressement dont il faut lui tenir compte, les différents procédés qui conduisent l'élève ne pouvant articuler un mot, à une diction facile et irréprochable. Il fait usage de différents moyens connus : la gymnastique des différents organes de la voix, en accordant une importance spéciale au jeu normal de la respiration et au rhythme naturel de la conversation. Mais ce qui constitue surtout sa méthode, ce qui fait sa supériorité, ce qui ne s'enseigne pas dans les livres, c'est l'application. « Ce n'est pas seulement sur les instruments du cerveau, continue M. Chervin, qu'il faut exercer notre influence, c'est encore et surtout sur le cerveau lui-même ; et voici comment nous procédons. Mais observons d'abord que les leçons sont d'une demi-heure, qu'il y en a quatre par jour, et que l'élève doit se condamner à un silence absolu pendant les quatre ou cinq premiers jours pour ne pas oublier au fur et à mesure qu'il apprend. Ajoutons encore que dans les intervalles des leçons, il faut consacrer successivement une demi-heure au repos et une demi-heure à un travail qui consiste à répéter les exercices de la leçon précédente.

« Pour l'action qui doit se faire sur le cerveau, il faut exciter et entretenir l'attention, éviter la langueur, la nonchalance et l'engourdissement de l'élève. Que la leçon soit donc vivante et animée. »

Les avantages que cette méthode possède sur celles qui l'ont précédée, sont au nombre de trois : plus de divisions et subdivisions oiseuses qui égarent le professeur et découragent l'élève; simplification considérable des procédés; guérison plus certaine, plus prompte, plus complète.

Après vous avoir rendu compte du traitement et de la guérison des sept élèves que nous avons remis à M. Chervin et qui ont été traités, on peut dire sous nos yeux, nous croyons devoir vous faire connaître l'auteur de la méthode.

M. Chervin aîné, élève de l'Ecole normale de Villefranche, puis instituteur communal à Albigny et à Lyon, compte 22 ans de services, reconnus par différentes médailles et le titre d'officier d'Académie.

En 1857, il fut chargé, par votre honorable prédécesseur, de suivre le nouvel enseignement des sourds-muets proposé par le docteur Blanchet, et dont le but serait d'ouvrir la porte de l'école primaire à ces pauvres déshérités de la nature. M. Chervin nous a montré un élève chez lequel il a réussi d'une manière fort heureuse.

Un travail spécial de M. Chervin, que nous ne pouvons oublier de signaler ici, est une *Statistique décennale du bégaiement en France*, travail important présenté aux dernières séances des délégués des Sociétés savantes réunies à la Sorbonne, et mentionné avec éloge au *Moniteur*.

C'est à Albigny que M. Chervin, guidé et encouragé par le médecin du pays, a donné ses premières leçons de diction à l'usage des bègues. Il continue, depuis 1847, à Lyon, ces pénibles leçons, et les succès qu'il a obtenus ont été constatés par des hommes honorables et des plus compétents. Ainsi, M. Girodon, professeur à la Faculté de théologie de Lyon, écrivait le 30 juillet 1851 :

« A l'honneur de moyens employés par M. Chervin pour la guérison des bègues, j'atteste que M***, l'un de mes anciens élèves, a été parfaitement corrigé de ce défaut dans l'espace d'une quinzaine de jours. L'habitude était fort invétérée, visible jusqu'au ridicule ; elle a cédé complètement aux moyens employés ; elle a disparu tout à fait, je l'affirme hautement, parce que j'en ai été témoin. »

« Bonnet, ex-chirurgien en chef de l'Hôtel-Dieu de Lyon, certifiait le 20 janvier 1853 : « Avoir adressé deux bègues à M. Chervin ; il reconnaissait que ces bègues, âgés, l'un de 12 ans, l'autre de 25 ans, avaient été complètement guéris en dix jours de traitement. »

Nous devons à la vérité de dire qu'une dizaine de cours entièrement gratuits ont été ouverts pour les indigents par M. Chervin, et que ces cours n'étaient pas seulement une perte de temps, mais une source de dépenses continuelles.

Un rapport a été présenté à la Société d'éducation de Lyon, par une Commission désignée par elle, et composée de MM. les docteurs Desgranges, Fonteret, Passot, membres de la Société impériale de médecine de Lyon, sur le même sujet. Ce rapport, des plus élogieux pour le professeur et sa méthode spéciale de diction, se termine par ces propositions :

1° Voter à M. Chervin aîné des remercîments et des félicitations pour les services, très-souvent gratuits, qu'il rend en sa qualité d'éducateur du langage ;

2° Donner à sa méthode curative du bégaiement une haute approbation, en exprimant le vœu que son auteur puisse la professer dans un cours normal ;

3° Enfin, envoyer le présent rapport à M. le Recteur de l'Académie de Lyon.

L'envoi de ce rapport à M. le Recteur de l'Académie a été suivi de la bienveillante réponse que voici :

UNIVERSITÉ DE FRANCE

ACADÉMIE DE LYON

Lyon, le 11 janvier 1864.

MONSIEUR LE PRÉSIDENT,

J'ai l'honneur de vous remercier de l'envoi que vous avez bien voulu me faire, au nom de la Société d'éducation de Lyon, du rapport présenté à cette Société par MM. les docteurs Desgranges, Fonteret et Passot, sur la méthode employée pour la cure du bégaiement, par M. Chervin aîné.

Il ne m'appartient pas de recommander officiellement cette méthode. Cependant, en raison des bons résultats qu'elle a produits, et en vue du bien qu'elle peut être appelée à opérer, je suis tout disposé à lui donner le patronage d'un avis favorable, toutes les fois que je sarai consult; et je serai heureux, en même temps, de témoigner à M. Chervin toute l'estime que m'inspirent ses efforts pour l'éducation des enfants, à laquelle il se montre si dévoué.

Agréez, Monsieur le Président, l'assurance de ma considération la plus distinguée.

Le Recteur,

DE LA SAUSSAYE.

Le rapport présenté à la *Société d'éducation de Lyon*, en 1863, a été réimprimé à Bruxelles, en 1865, par le vicomte Van Leempol, ancien sénateur, ancien représentant, et adressé à M. le Ministre de l'intérieur. Quelques lignes de préambule font connaître les intentions de M. Van Leempol :

« M. Chervin est arrivé à un succès constaté par la famille et la science. Je serais heureux de pouvoir m'y associer en le popularisant chez nous, où toutes les bonnes idées ont un écho, où le progrès appelle le progrès, où le patronage ne fait jamais défaut ; s'il se fait attendre quelquefois, c'est une prudence inhérente à notre caractère national ; mais une fois admis, chacun y apporte d'efficaces sympathies.

Maintenant une dernière citation de M. Chervin, et nous avons fini :

« Vous le voyez, Messieurs, cette méthode assimile la prononciation à tous les arts gymnastiques, tels que la danse, l'escrime, l'équitation, exercices musculaires à l'aide desquels on peut donner à un membre ou à un organe la force ou la flexibilité qui lui manquent. Cette méthode est depuis trente ans dans le domaine public, bien que dans le principe on en ait fait un si grand mystère qu'on n'en donnait communication qu'à prix d'or ; mais les procédés dont je viens de faire usage sont les résultats de ma pratique et de mon expérience. Leur simplicité a dû vous convaincre qu'ils pourraient être employés avec succès par tous les instituteurs primaires ; seulement, on ne pourrait en donner, par écrit, qu'une exposition bien vague, parce que pour tout ce qui est de la diction, les préceptes ne sont rien sans les exemples ; or, l'exemple, ici, c'est la parole du maître.

« Aussi, Messieurs, si j'avais le bonheur de conquérir votre suffrage, et par suite la haute protection de notre éminent Administrateur, M. Henri Chevreau, je m'empresserais de me mettre à la disposition de S. E. M. le Ministre de l'instruction publique pour vulgariser cette méthode dans les Ecoles normales primaires. Je demanderais de réunir dans chacune de ces écoles où se forment nos instituteurs primaires, une vingtaine de bègues ; je me chargerais d'un de ces infirmes ; je donnerais mes leçons sous les yeux des élèves-maîtres qui, à leur tour, les répéteraient en particulier et sous ma diction, aux élèves qui leur seraient spécialement confiés.

« Les honoraires du professeur ne grèveraient en rien le budget de l'Etat ; ils seraient à la charge du département ; il s'agirait simplement d'une somme une fois donnée.

« Je crois, Messieurs, qu'on verrait alors diminuer sensiblement le nombre des bègues, que vous seriez bénis de bien des familles pour m'avoir accordé le précieux concours que j'ai l'honneur de solliciter, autant de votre bienveillance que de votre impartialité. »

Votre Commission, Monsieur le Sénateur, après avoir suivi les démonstrations théoriques et pratiques de la méthode curative du bégaiement, professée par M. Chervin ; après en avoir constaté les heureux résultats, et avoir reconnu la possibilité de la vulgariser dans les Ecoles normales primaires, résume l'exposé de ses observations en concluant :

1° Que M. Chervin professe réellement une méthode essentiellement intelligente, physiologique et gymnastique, qui guérit le bégaiement dans un ordre d'idées plus élevée mais à peu près de la même manière qu'un gymnasiarque instruit et intelligent change un choréique grêle et difforme en un homme bien conformé, agile et vigoureux.

2° Qu'il serait utile de lui accorder une allocation pour qu'il pût traiter gratuitement les bègues nés de parents pauvres.

3° Qu'il est à souhaiter que ce professeur soit chargé de

vulgariser sa méthode dans les Ecoles normales primaires, afin de mettre tous les instituteurs en état de corriger le bégaiement, maladie endémique qui, de la simple forme convulsive, peut conduire à la dégradation intellectuelle.

4° Que Monsieur le Sénateur est prié de joindre sa haute approbation aux vœux de la Commission, pour les transmettre à Son Excellence M. le Ministre de l'instruction publique.

5° Qu'il serait opportun de donner à ce rapport une certaine publicité comme prophylaxie du bégaiement.

Le président de la Csmmission:

H. VALOIS. L. AUBIN.

Le Rapporteur:

GUBIAN,

Docteur-médecin.

L'ABBÉ HYVRIER,

Supérieur.

PRÉFECTURE
DU RHÔNE
—

M. le Sénateur, Préfet du Rhône, après avoir pris connaissance de ce rapport, a adressé au Président de la Commission la lettre suivante :

Lyon, le 25 juillet 1866.

MONSIEUR LE PRÉSIDENT,

J'ai examiné avec beaucoup d'intérêt le Rapport de la Commission instituée pour l'examen de la Méthode curative du Bégaiement de M. CHERVIN.

J'approuve volontiers les conclusions de ce Rapport, et je désire contribuer, autant qu'il dépendra de moi, à la vulgarisation de la Méthode. Veuillez en donner l'assurance à M. CHERVIN, et lui dire qu'il me trouvera toujours disposé à reconnaître les services qu'il a rendus. . . . .

Il me reste à remercier les Membres de la Commission des soins tout particuliers qu'ils ont apportés à remplir la mission que je leur avais confiée. Veuillez, je vous prie, être auprès d'eux l'interprète de mes sentiments de gratitude.

Agréez, Monsieur le Président, l'assurance de ma considération la plus distinguée.

Pour le Sénateur Préfet du Rhône, empêché,

Le Secrétaire général pour l'Administration, délégué,

E. CESAN.

www.ingramcontent.com/pod-product-compliance
Ingram Content Group UK Ltd.
Pitfield, Milton Keynes, MK11 3LW, UK
UKHW012127240726
13965UKWH00005B/2022